www.ingramcontent.com/pod-product-compliance
Lightning Source LLC
Chambersburg PA
CBHW072150170526
45158CB00004BA/1587
* 9 7 8 1 0 7 8 0 1 8 2 6 5 *